VENTE

DU LUNDI 3 DÉCEMBRE 1883

HOTEL DROUOT, SALLE N° 5.

DESSINS

ANCIENS & MODERNES

AQUARELLES

EXPOSITION PUBLIQUE

Le Dimanche 2 Décembre 1883

DE UNE HEURE A CINQ HEURES.

COMMISSAIRE-PRISEUR	EXPERT
Me MAURICE DELESTRE	M. E. FÉRAL, Peintre
27, rue Drouot.	54, rue du Faubourg-Montmartre.

CATALOGUE

DE

DESSINS ANCIENS

ET MODERNES

PARMI LESQUELS

30 PAR GABRIEL DE SAINT-AUBIN,

74 PAR D. TIÉPOLO, 22 PAR ROYBET,

ET AUTRES DE :

PRUD'HON, FRAGONARD, DELLA BELLA, J. ROMAIN, HOLBEIN,

JEAN DE UDINE, MANTEGNA, ETC.

DANS L'ÉCOLE MODERNE:

DAUBIGNY, FROMENTIN, ROQUEPLAN, ETC.

DONT LA VENTE AURA LIEU

HOTEL DROUOT, SALLE N° 5

Le Lundi 3 Décembre 1883,

A 2 HEURES.

Par le ministère de **Me Maurice DELESTRE**, Commissaire-Priseur,
27, rue Drouot ;

Assisté de **M. E. FÉRAL**, Peintre-Expert, 54, Faubourg-Montmartre:

Chez lesquels se trouve le présent Catalogue.

EXPOSITION PUBLIQUE : le Dimanche 2 Décembre 1883,

De une heure à cinq heures.

CONDITIONS DE LA VENTE

Elle sera faite au comptant.

Les acquéreurs payeront, en sus des adjudications, *cinq pour cent* applicables aux frais.

Paris. — Typ. PILLET et DUMOULIN, 5, rue des Grands-Augustins.

DÉSIGNATION

DESSINS ANCIENS FT MODERNES

DAUBIGNY

1 — Cours d'Eau sous bois.

> Fusain provenant de la vente après décès de l'artiste.

DELLA BELLA

2 — Sujet de chasse.

> Très beau dessin, à la plume. avec encadrement rehaussé d'or.

DUPRÉ (JULES)

3 — Ferme en Normandie.

> Fusain.

FRAGONARD (HONORÉ)

4 — Etude d'arbres brisés.

Entrée de forêt.

Deux dessins à la sanguine.

FROMENTIN

5 — L'aghouat (juin 1853).

Fusain sur papier gris, vente Fromentin.

GOBAUD

6 — Sous ce numéro qui sera divisé, dix dessins, vues prises dans les Pyrénées.

7 — Sous ce numéro qui sera divisé, quinze dessins, vues prises dans le département du Puy-de-Dôme.

Au lavis et à la mine de plomb.

HOLBEIN (HANS)

8 — Le Christ au roseau.

La Vierge, les mains jointes.

Plume et encre de Chine. Deux dessins sur le même bristol.

LUCAS DE LEYDE (genre de)

9 — Le Crucifiement.
>Plume.

MANTEGNA (genre de)

10 — Plusieurs figures groupées.
>Plume.

NANTEUIL (genre de ROBERT)

11 — Portrait du prince de Bourbon.
>Plume et encre de Chine.

OUDRY (J. B.)

12 — Le Pont de bois.
>Au crayon noir et à l'estompe, rehaussé de blanc, sur papier bleu.

PRUD'HON

13 — Jeune femme à sa toilette.
>A l'estompe, rehaussé de blanc, sur papier gris.
>Vente de Boisfremont.

ROQUEPLAN (CAMILLE)

14 — Entrée de village.

ROUSSEAU (THÉODORE)

14 *bis* — Etude d'arbres.

> Deux croquis à la mine de plomb.

ROMAIN (attribué à JULES)

15 — Femme effrayée.

> Buste de grandeur naturelle.
> Fragment d'une grande composition représentant le Massacre des innocents.

ROMAIN (attribué à JULES)

16 — Personnages au repos.

> Au bistre, sur papier teinté, rehaussé de blanc.

ROYBET.

17 — Le Harem.

> Aquarelle.

ROYBET

18 — Personnage en buste, de grandeur natu-
relle.

Estompe et fusain.

19 — Officier debout, une canne sous le bras.

Fusain.

20 — Prisonniers attachés sur des Chevaux fou-
gueux.

Fusain.

21 — Un Page debout.

Fusain rehaussé de blanc, sur papier gris.

22 — Personnage, en costume Louis XIII, ap-
puyé sur le dossier d'une chaise.

Fusain.

23 — Soldat debout.

Fusain.

24 — Page assis.

Plume.

25 — Soldat debout, vu du dos.

Fusain.

ROYBET

26 — Le Concert au cabaret.

Plume.

27 — Personnage vénitien assis, vu de dos.

Fusain.

28 — Cavalier du moyen âge.

Fusain.

29 — Seigneur assis, vu de dos.

Mine de plomb.

30 — Page tenant un plat.

Plume.

31 — Gentilhomme debout tenant une épée.

Fusain.

32 — Soldats faisant une ronde.

Plume.

33 — Jeune femme assise.

Plume.

ROYBET

34 — Le Concert.

Mine de plomb.

35 — Un Artiste debout.

Plume.

36 — Personnage vénitien.

Plume.

37 — La salle des gardes.

Plume.

38 — Personnage accoudé.

Plume et sépia.

SAINT-AUBIN (GABRIEL DE)

39 — Composition allégorique pour le mariage du Dauphin.

Au premir plan, autel autour duquel sont des génies tenant des torches enflammées ; dans le haut, Apollon, Jupiter, Neptune, etc.

Charmant dessin, plume et sépia.

*

SAINT-AUBIN (GABRIEL DE)

40 — L'Intérieur de la monnaie.

> Au premier plan, des hommes font mouvoir un balancier ; à gauche, d'autres personnages examinant des médailles.
> Très curieux dessin, à la pierre d'Italie.

41 — Un Seigneur debout.

> Sépia.

42 — Jeune femme assise.

Dans le fond, une femme debout près d'une table.

> Charmant dessin, à la pierre d'Italie.

43 — Petit villageois tenant un panier d'œufs.

> Joli dessin au crayon noir, mis au carreau.

44 — L'atelier de Dessin.

> Des enfants dessinent d'après une statue.
> Ce dessin est fait sur une feuille où se trouvent des notes de musique.

45 — Jeune homme écrivant ; dans le fond, un second personnage de profil.

> Pierre d'Italie.

SAINT-AUBIN (GABRIEL DE)

46 — Jeune femme, vue de profil, faisant de la
couture.

Pierre d'Italie.

47 — Scène de Comédie.

Encre de Chine et pierre d'Italie.

48 — Scène de Tragédie.

Encre de Chine et sépia.

49 — Personnage vu jusqu'aux genoux, portant
un vêtement à larges manches.

Pierre d'Italie.

50 — Femme assise, vue de dos.

Pierre d'Italie.

51 — Pont et Tourelle.

Plume et pierre d'Italie.

52 — Une Assemblée.

Plume et pierre d'Italie.

53 — Atelier de couturières.

Pierre d'Italie.

SAINT-AUBIN (GABRIEL DE)

54 — Jeune homme étendu et accoudé sur un tertre ; dans le fond, une étude de mains.

Pierre d'Italie et sanguine.

55 — Jeune fille debout ; à gauche, une femme vue de dos.

Pierre d'Italie.

56 — Parc avec personnages groupés au premier plan.

Dans le fond, un carrosse devant une riche habitation.]
Fin dessin, mine de plomb et plume.

57 — Le Jardin des Tuileries.

Pierre d'Italie.

58 — Jeune garçon en buste, la tête de profil.

Pierre d'Italie.

59 — Les Musiciens ambulants.

Sur la droite, un croquis d'après un tableau.
Plume et sépia.

SAINT-AUBIN (GABRIEL DE)

60 — Portrait d'un abbé.

> En buste, la tête de profil.
> Pierre d'Italie.

61 — L'Enlèvement d'Orithyie.

> D'après un groupe en marbre.
> Mine de plomb et lavis.

62 — Paysage avec charrette, au premier plan.

> Pierre d'Italie, sur papier gris rehaussé de blanc.

**63 — Femme mettant un masque.
Femmes assises.**

> Deux études peintes.

64 — Croquis, d'après une statue.

> Pierre d'Italie.

65 — Temple et obélisques dans un parc.

> Plume et sépia.

66 — Femmes et enfants.

> Mine de plomb.

SAINT-AUBIN (GABRIEL DE)

67 — Jeune femme vêtue d'une robe à panier.

Sanguine.

68 — Le Joueur de violon.

Pierre d'Italie.

TIEPOLO (DOMINIQUE)

69 — Personnages groupés au pied d'une statue.

Encre de Chine.

70 — Amours sur des nuages, jouant avec des colombes.

Encre de Chine.

71 — Des amours jouant avec des colombes.

Sépia.

72 — Amours, sur des nuages.

Sépia.

73 — Même genre de composition.

Sépia.

TIEPOLO (DOMINIQUE)

74 — Amours voltigeant.

Sépia.

75 — Des amours voltigeant dans un ciel.

Encre de Chine.

76 — Apollon.

Sépia.

77 — Femmes et guerriers.

Encre de Chine.

78 — Etude de figures et mascarons.

Sépia.

79 — Femmes groupées au pied d'un arbre.

Encre de Chine.

80 — Guerrier vu de dos.

Sépia.

81 — La Navigation.

Sépia.

TIEPOLO (DOMINIQUE)

82 — Figures allégoriques.

> Encre de Chine. Forme ovale.

83 — Femmes, guerriers et amours sur des nuages.

> Sépia.

84 — Des amours jouant avec des colombes.

> Sépia.

85 — Des Amours sur un char.

> Sépia.

86 — Même composition.

> Sépia.

87 — Le Char du soleil.

> Encre de Chine.

88 — Des Anges posés sur des nuages.

> Plume et sépia.

89 — Les Obsèques d'une sainte.

> Sépia.

TIEPOLO (DOMINIQUE)

90 — L'Assomption de la Vierge.

Encre de Chine.

91 — Même composition.

Sépia.

92 — Vision de saint François.

Sépia.

93 — Composition allégorique représentant le religion.

Encre de Chine.

94 — Jésus et la femme adultère.

Encre de Chine.

95 — La Conception.

Encre de Chine.

96 — Le Christ couronné d'épines.

Plume et encre de Chine.

97 — Sainte famille et des anges.

Encre de Chine.

TIEPOLO (DOMINIQUE)

98 — Saint François tenant l'Enfant Jésus.

Sépia.

99 — Un pape bénissant.

Sépia.

100 — Saint François et l'Enfant Jésus.

Encre de Chine.

101 — Prédication de saint Jean.

Sépia.

102 — Des Anges apparaissant à un saint.

Encre de Chine.

103 — Le Baptême de Jésus.

Sépia.

104 — Des Anges.

Encre de Chine.

105 — La mise au tombeau.

Sépia.

TIEPOLO (DOMINIQUE)

106 — Dieu le Père entouré d'anges.

>Sépia.

107 — Des Anges voltigeant dans un ciel.

>Encre de Chine.

108 — La Religion

>Plume et sépia.
>Forme ovale.

109 — Vieillard bénissant.

>Encre de Chine.

110 — Dieu le Père dans sa gloire.

>Encre de Chine.

111 — Saint François tenant l'Enfant Jésus dans ses bras.

>Sépia.

112 — Même composition.

>Sépia.

TIEPOLO (DOMINIQUE)

113 — La Vierge et des anges sur des nuages.

Encre de Chine.

114 — L'Assomption de la Vierge.

Encre de Chine.

115 — Même composition.

Encre de Chine.

116 — Même composition.

Sépia.

117 — Même composition.

Encre de Chine.

118 — Même composition.

Encre de Chine.

119 — Même composition.

Encre de Chine.

120 — Même composition.

Encre de Chine.

TIEPOLO (DOMINIQUE)

121 — La Vierge reçue dans le Ciel.

Encre de Chine.

122 — Même composition.

Encre de Chine.

123 — Figures allégoriques.

Sépia.

124 — Figures allégoriques.

Encre de Chine.

125 — L'adoration de la Vierge.

Encre de Chine.

126 — Jésus couronné d'épines.

A la plume.

127 — Le Couronnement d'épines.

A la plume.

128 — Saint Pierre.

Sépia.

TIEPOLO (DOMINIQUE)

129 — L'Ange et Tobie.

Encre de Chine.

130 — Etude de plusieurs Saints sur des nuages.

Encre de Chine.

131 — La Madeleine en prière,

Encre de Chine.

132 — Une Prédication.

Plume

133 — Etude pour une Assomption.

Encre de Chine.

134 — Le retour de l'Enfant prodigue.

Plume et encre de Chine.

135 — Deux figures allégoriques.

Sépia.

136 — Chevaux traînant un char.

Sépia.

TIEPOLO (DOMINIQUE)

137 — Des Amours sur des nuages.

Sépia.

138 — Le Christ montré au peuple.

A la plume.

139 — Anges tenant des oriflammes.

Encre de Chine.

140 — Les Anges rebelles foudroyés.

Au bistre.

141 — Etudes de figures.

Encre de Chine.

142 — Sujet religieux.

Encre de Chine.

UDINE (JEAN DE)

143 — Figures mythologiques, motif décoratif pour
un plafond.

Plume et bistre.

ECOLE ITALIENNE

144 — Sainte Madeleine.

ECOLE ALLEMANDE

— Sainte Agathe.

> Deux dessins sur papier bleu, rehaussés de blanc.

145 — Sous ce numéro, qui sera divisé, environ 150 dessins des Ecoles italienne, flamande, hollandaise et française.